AF358786

PUNTA DE LANZA

JORGE A. FREIRE

PUNTA DE LANZA

EXLIBRIC

ANTEQUERA 2021

JORGE A. FREIRE

PUNTA DE LANZA

*Este poemario está dedicado a mi padre,
que pensé que se había muerto y resulta que soy yo.
A mi madre, por supuesto, por decreto vital y porque me dio la
vida y ahora me la va quitando, según deja de ser ella.
A todas las mujeres de mi vida, a las que estuvieron y a las
que me hubiera gustado que formaran parte de ella. A unas por
defecto, a otras por exceso, a la mayoría por su ausencia, al resto por
su presencia, real o imaginada, que llegado el caso es casi lo mismo.
A ti, que no te nombro por miedo a reconocerme.
A toda esa gente que, sin conocerla, me acompañó en forma
de verso, canción, libro, performance, que sabían nombrar lo que
yo desconocía, que veían de otra manera, que me hicieron ver el
abismo de mi ignorancia, de mi egoísmo, de mi insignificancia, que
me hicieron no más fuerte, pero sí un poquito más sabio, lo justo
para poder llegar al final de mi camino, sea cuando tenga que ser,
sintiéndome algo más completo.
Y a todas las personas que, como yo, han sentido alguna vez
el peso de esa losa llamada tristeza, que forma parte de nuestro
periplo y a la que tienes que acostumbrarte, porque si le das lo que
quiere, no es tan mala compañera.*

ANTES DE QUE TODO SE FUERA A LA MIERDA

Antes de que todo se fuera a la mierda,
yo no visitaba zaguanes con tantas precauciones,
ni miraba los portales con temor reverencial,
que todo era más sencillo,
aunque no lo pareciera.
Antes de que todo se fuera a la mierda,
me gustaba dar abrazos sin temor a romper moldes,
ni a represalias vecinales,
que ahora se es sospechoso por un paso mal dado,
por los ojos colorados,
por la tos disimulada,
por la pancarta bajada,
por el móvil en la mano.
Antes de que todo se fuera a la mierda,
los teatros se llenaban,
sin exagerar y no todos los días,
los cines eran templos visitados,
yo tenía pelo,
pero eso fue mucho antes,
todo hay que decirlo,
y estaba como un queso,
pero eso fue antes aún,
que la sinceridad es lo que tiene,
que si sabes usarla, no admite prisioneros,

ni consejos de guerra,
ni actas notariales,
ni hielo en la nevera.
Antes de que todo se fuera a la mierda,
ya no dormía del tirón,
pero al menos descansaba
y buscaba el refugio del calor de los cuerpos,
que ahora ya me son esquivos,
porque hay inviernos que vienen para quedarse
y para eso están los abrigos,
que han de ser de tu talla,
si no quieres congelarte.
Antes de que todo se fuera a la mierda,
yo buscaba las miradas,
buceaba en tu pecera,
y ahora soy una flor muerta
que asoma en tu papelera.
Antes de que todo se fuera a la mierda,
ya me sonaba tu nombre,
que ahora son siete letras
desprovistas de sentido.

Cuentos

Todas las cenicientas están teñidas
y manchan las almohadas,
y me canso de buscar pies descalzos que vestir,
ni yo soy tan bestia,
ni tú tan bella,
y el lobo no era feroz,
y Caperucita odiaba el rojo
y además era daltónica,
cursi,
ninfómana,
mala vecina
y abandonó a su abuela en una gasolinera.
La bruja del cuento era ignífuga,
y la leña estaba húmeda,
y los dulces se pusieron duros,
y los niños no murieron de un torzón,
pero poco les faltó,
mientras sus compañeros de clase
comían en comedores sociales,
sufrían acoso,
no tenían móvil de última generación,
ni paga que gastar.
Los enanitos jugaban al baloncesto,
hay madrastras que cocinan bien,
manzanas sin veneno,
ni sabor,

ni gusanos,
y Blancanieves sufría de insomnio.
No hay besos suficientes para despertarte,
y los espejos no saben mentir,
ni traen mala suerte si se rompen,
porque eso viene de serie.
Los tres cerditos se llevaban mal,
y el casero no soplaba,
sólo regentaba un fondo buitre
y les subía el alquiler.
Pinocho tomaba viagra para poder mentir,
la ratita presumida era cleptómana
y lo confesaba en sueños,
y nadie fue feliz,
ni comieron perdiz,
pero cada uno cuenta los cuentos a su manera
y se engaña como puede,
porque los príncipes rara vez son valientes,
y los patitos feos.

SI ME QUEDARA UN MINUTO

Si me quedara un minuto,
no lo perdería diciéndote te quiero,
trataría de besarte,
me agarraría a tus muros,
y dejaría un grafiti en tus paredes,
me ahorraría en notarios,
testamentos,
epitafios,
declaraciones.
Si me quedara un minuto
de la última de mis siete vidas,
no saldría a la calle a coger aire,
que después no podría gastar,
me tumbaría contigo
en mi lecho de papel de fumar
a esperar tranquilo mi regreso,
a que me cante mi cisne,
a que se doblen mis campanas.
Si me quedara un minuto
y me alcanzara el aliento,
rondaría por tus aceras
de miradas tristes,
de pupilas desgastadas,
de iris miopes,
desprendiendo retinas,
agujereando vítreos,

entornando párpados,
tratando de fijar una imagen
que llevarme a mi alma famélica
de hambres atrasadas
y quimeras incumplidas.
Si me quedara un minuto,
no lo perdería escribiendo tonterías.

PUNTA DE LANZA

No quiero ser la prioridad de nadie,
ni ser imprescindible,
ni apoyo,
ni soporte,
ni regazo.
No aguanto ese tipo de presión,
pero cargo sobre mis hombros el peso del mundo
y no me atrevo a quejarme,
porque los privilegios son transparentes,
prístinos,
ineludibles,
intransferibles,
no dependen del albedrío,
ni de las formas de las nubes,
ni de cuerdas de instrumentos,
ni de voluntades,
ni testamentos.
Quiero besar pies limpios,
y bocas sucias,
y sacar conclusiones,
y plantearme cuestiones ya sabidas,
y resolver ecuaciones trilladas,
y volver a empezar,
y saberme inútil,
sabio,
genial,

gilipollas,
estupendo,
y hasta guapo.
Quiero que me miren con saña,
que me juzguen con distancia,
que me besen con cariño,
que me desnuden con prisa,
que me vistan despacio,
que me sirvan el desayuno,
volver a dormirme
y soñar contigo,
que sigues a mi lado,
digo yo,
y si no,
me basta con imaginarte,
ser punta de lanza,
adalid,
caballero andante,
molino de viento manco,
vagabundo,
buscavidas,
rompecorazones,
caracola,
kraken,
criatura abisal,
alienígena,
barro en tus manos,
saliva en tu boca,
trombo en tu cerebro,

adrenalina,
pulso en tu muñeca.
Y si no quieres,
no pasa nada,
ya vestí tus ropas
y quemé tus naves,
y viví en tu cuerpo,
como un virus,
sin vacuna deseada,
sin salida buscada,
sin ventanas,
sin quicios en las puertas,
sin aire,
sin canciones,
sin recuerdos que me maten,
y tal vez en otra vida te encuentre,
y no te reconozca,
y no valga de nada,
ni esto,
ni aquello,
ni de lo más allá,
pero las cosas son así
y así se muestran,
como un tesoro escondido,
como la brisa tímida,
como un accidente,
como Hansel sin Gretel,
como una bruja con diabetes,
como una risa sin dientes,

como un cascanueces,
como tu yo sin mí,
como yo sin mi tú.
Y en esas ando,
tratando de encontrar un sitio,
que no me pertenece,
que me acoja,
que me baste,
que me alcance,
que me sobre.

CIUDADANO UNIVERSAL

De todos los lugares de los que pude haber sido
no me quedo con ninguno,
en todo caso con Irlanda,
porque soy borracho,
y algo bohemio,
y me gustan los acantilados,
con sus rocas ahí abajo,
mirando hacia arriba,
invitándote a una pinta con mucha espuma,
y mis tierras altas no te llegan ni a la mitad
de tus tacones de aguja,
que se clavan en mi alma de perdedor compulsivo,
de matarife acostumbrado a perdonar vidas,
a celebrar soledades,
de cobrador sin frac que condona deudas
por besos mal dados,
que tiene alma de oveja,
pero se viste de lobo,
porque el hábito sólo es hábito si te habitúas a ello.
De todos los lugares de los que pude haber sido
no me quedo con África,
aunque me gustan sus paisajes y sus árboles invertidos,
y sus negros sin sus mantas,
pero no soporto el calor si no es humano,
y a veces con reservas,
que las fiebres son muy suyas.

Ni tampoco con Europa,
que iguala monedas,
pero hace excepciones,
confunde credos,
impone aranceles,
abona trincheras,
que olvida los pasados
que le hacen repetirse,
que pone diques al mar,
como si valiera de algo.
Ni mucho menos América,
que depende de Vespucios,
de Florencias descastadas,
de conquistadores sin brújula,
de armas en manos necias,
de estatuas amontonadas.
Ni tampoco la del sur,
con sus Magallanes estrechos,
sus mares de sucia plata,
sus Patagonias compartidas,
sus favelas,
su fútbol,
sus pasiones excesivas.
De todos los lugares de los que pude haber sido
huyo de septentriones,
de atardeceres infinitos,
de noches eternas,
de solsticios,
de armisticios,

de gritos de guerra,
de fratricidios,
de lugares comunes,
de comunes acuerdos,
sin balanza equilibrada.
De todos los lugares de los que pude haber sido
no elijo Australias,
Indonesias,
Polinesias,
por fragmentos excesivos,
por izquierdas y siniestras,
por banderas confundidas,
por destierros coloniales,
de marsupiales sin bolsa,
de koalas rápidos,
de perezosos activos,
de demonios sin Tasmanias,
de dragones sin Komodos.
De todos los lugares de los que pude haber sido
descarto Asias por calendarios desfasados,
por honorables excesos,
por excesivos honores,
por sus largas murallas,
por sus vistas cansadas,
sus arrozales,
por sus tundras,
sus Baikales,
sus profundidades,
sus perros amontonados listos para el consumo,

sus liebres que esconden gatos,
sus perseguidos pangolines.
De todos los lugares de los que pude haber sido
no deseo Orientes Medios,
ni lejanos,
ni próximos,
con sus trenes a La Meca,
pero la gente va a pie,
con sus rodillas desgastadas,
sus alfombras orientadas,
con su Dios que tanto les gusta,
que algunos mueren por él,
sin saber a dónde van tantos pedacitos,
entre los que van los tuyos,
hermanados por el llanto que deparan los lutos,
vengan de donde vengan,
asediados el resto
por la ira de unos pocos.
De todos los lugares de los que pude haber sido
me quedo con este,
por costumbre
y por hartazgo,
por no reivindicar lo que me vino impuesto,
sin consulta, ni destino,
que eso es lo que soy,
ciudadano universal,
con mis ansias,
mis defectos,
mis desatinos.

COSTRA

Hoy he tirado a la basura parte de un pasado
que no era mío,
que heredé con la conciencia y olvidé con la memoria,
que formaba parte de mi mapa olfativo,
como tus células muertas,
que agonizaron en mi piel,
confundidas por contagio,
que ahora busco en los parqués acuchillados,
que brillan por tu ausencia.
Tengo el deber de anunciar una traición,
que no acarrea más pena que la que yo me imponga,
que cumpliré a mi manera,
si es que ya no la he cumplido,
que no parece suficiente,
y por eso me castigo.
Tengo la obligación de llamarte por mi nombre,
que podría ser el tuyo,
de quitarme la costra y olvidarme de picores,
de lucir cicatrices que parezcan tatuajes,
de callar lo que no dije,
de esperar tiempos mejores.

ARANCELES

¿De qué foto nos sacaron a pesar del marco?,
¿de qué guindo nos tiraron?,
¿de qué proeza no narrada se te acusa,
y de qué vale si no vives para contarlo por ti mismo?
¿A quién sonsaco informaciones por las buenas
o bajo torturas,
si me cuentan lo que ya sé,
y no aprenden lo olvidado?
¿De qué zoo te has escapado,
sin bombardeos,
sindicatos,
ni jaulas abiertas?
¿En qué playa te dejó la marea,
que no tiene acceso para ir a buscarte?
¿En qué canción con la letra inacabada
habitabas bajo pseudónimo?
¿En qué barrio hemos vivido,
que ya no nos reconoce?,
¿qué se perdió en Cuba,
que a nadie ya le importa,
y menos aún lo saben?,
¿quién tiene mi felpudo,
que no se atreve a ponerlo?,
¿Por qué acabamos eso,
si sabíamos que no lo podríamos empezar?
¿Por qué cocinas para mí,

si en el fondo no te gusta?,
¿por qué besas mis labios,
si sé que sueñan con otros?,
¿por qué sueño contigo
y lo llamo pesadilla?
¿Quién me ha robado mi queso,
si no tenía lactosa?
¿Para qué nos vale un medicamento
con veintiocho dosis,
si solo un mes tiene esos días y no siempre?
¿Por qué se vende amor,
si en realidad no tiene precio
y no lo valora quien lo compra?
¿Por qué pagar aranceles,
si eso ya nos lo cobraron?

INFIEL COMPAÑERO

Tú, que fuiste a mi refugio a por perra compañía,
que lamí tus manos feas con mi cola agradecida,
que te di bula para engañar policías,
que me diste una esperanza para tener otra vida,
ahora te sueño despierto y de mí te has olvidado,
y te ha salido barato, porque el alma atribulada
no es el pago habitual de un país
que no es ni de perros,
ni de viejos.
Nosotros, que fuimos dos y ahora a vuelves a ser uno,
te estaré esperando si te vuelven a encerrar
a que vengas a buscarme,
y que puedas pasear.
Busca mi mirada triste en cualquiera de las jaulas,
y no pidas mi perdón,
porque ya te he perdonado,
aunque no te lo merezcas.
Eres mi infiel compañero,
porque nunca ha sido otra tu intención,
y no sabes de lealtades,
ni tienes corazón.

FEBRERO

Febrero es el mes más largo,
la hiel en vena,
la sabia retenida,
la flor cansada.
Febrero es una gota en un cristal hacia el abismo,
es un canto mudo,
una sirena coja,
una sierpe entretenida,
jugando con su pelo,
sin antídoto,
ni pasión,
ni desparpajo.
Febrero es el viento,
y el frío,
y la helada negra.
Febrero no se cansa,
no se aburre,
no se acaba.
Febrero está ahí,
como un lamento,
como un grito,
como un deseo no cumplido.
Febrero es un mes muerto,
una boca abierta,
mostrando su agonía.

LA HIERBABUENA

La hierbabuena no es hierba,
ni es buena,
ni mala,
ni escuece,
ni engaña.
Es discreta y florece a su manera,
cuando quiere,
cuando puede,
cuando merece la pena.
Le teme al invierno,
pero no se arredra;
ama la primavera,
pero no se vende;
comprende el otoño
y le consuela,
soporta el estío
y sus excesos.
La hierbabuena no se mira en los espejos,
ni recibe enhorabuenas,
no respira si la cortan,
combina con los hielos,
hiberna por cansancio,
hiere por encargo,
recupera alientos,
matiza calendarios.
La hierbabuena se adapta a los cambios,

se agarra a los suelos,
piensa en pequeño,
actúa a lo grande,
sabe del pasado,
aguarda futuros,
acepta presentes.
La hierbabuena asoma acantilados,
conquista taludes,
aprende idiomas,
alcanza acuerdos,
es justa,
no es tonta,
regala abrazos,
reparte hostias,
sabe fuerte,
besa despacio,
trepa por las piernas de los atardeceres.
La hierbabuena sabe historias,
pero prefiere escuchar
y sabe de ecos de tiempos pasados,
convoca analogías,
esculpe amistades,
se ríe de las nubes,
juega con los girasoles,
deshiela tundras,
congela soles,
observa estrellas,
descubre planetas,
entiende mundos.

La hierbabuena sabe juzgar,
trata de tú a los sabios,
ignora a los necios.
La hierbabuena se echa la siesta,
si no la observan,
despereza horizontes,
respeta bosques
absorbe rones.
No juegues con ella,
quiérela como ella quiere
y no esperes más a cambio
que la propia savia que contiene.
Ese es su poder,
ese es su don,
ese es su regalo,
y es un bien preciado.
Los que lo saben lo quieren,
los que lo ignoran no importan,
unos son compañeros de viaje,
otros simples navegantes
que no la huelen,
que no la miran,
que no la aprecian,
que pasarán de largo,
y ellos se lo pierden.

POR OTRO BESO TUYO

Por otro beso tuyo
hubiera aullado a la luna
de tu cuarto menguante,
buceado en apnea
hasta el tuétano de tus huesos,
cantado las cuarenta,
ido de farol,
bailado en suelos sucios
de aeródromos vacíos,
pero me quedé con las ganas,
pero también tú,
aunque no me consuela.
Por otro beso tuyo
hubiera sido dique en Holanda,
pica en Flandes,
tulipán oxidado,
manco de Lepanto,
botella sin mensaje,
ni corrientes,
aguja en un pajar desenhebrado,
bombero sin manguera,
ni extinción.
Por otro beso tuyo
hubiera ido a la guerra
sin armas,
ni estrategias,
ni valor que perder,

que todo se andaría,
si se persevera.
Por otro beso tuyo
hubiera donado tu sangre,
tras mezclarla con la mía,
visitado cuevas sumergidas
por suicidio asistido,
sin temor,
ni claustrofobia,
ni vocación,
sin motivo,
ni nota explicativa.
Por otro beso tuyo
hubiera violado cuarentenas,
aceptado penas,
envuelto en la bandera
de tu indiferencia,
sin soflamas que gritar,
ni distancia que valga.
Por otro beso tuyo
ya no empeño mi alma,
aunque me gustaría,
ni pongo precio al pescado vendido
de las lonjas cerradas,
y ya sólo espero otra boca que besar,
que no le importe mi aliento
de poeta trasnochado,
ni mis claroscuros,
ni mi mirada miope,
ni mi verdad desnuda.

SOY UN CABALLERO

Soy un caballero,
sin armaduras,
con mis heridas,
de la vieja escuela,
de tiempos pretéritos,
que no comprende los nuevos,
ni ellos a mí,
y ni falta que me hace;
que te abre la puerta del acompañante,
que te deja pasar primero,
que doy grima a veces,
que tengo mis días,
que desconfía;
que no miro donde querría,
aunque sabes lo que quiero;
que espero que las cosas se concreten,
aunque otros se adelanten;
que ni gato al agua,
ni escaldado,
que los felinos son muy suyos,
duermen a deshoras,
y por eso me gustan tanto.
Soy un caballero,
sin andanzas,
ni molinos,
ni escuderos,

ni alianzas,
ni Rocinantes,
ni Dulcineas,
aunque a la mía la busco,
en lugares virtuales,
en tristes descampados,
pero nunca se ajusta a lo que deseo,
porque no sé cómo eres,
ni tampoco lo que quiero,
ni sabría reconocerlo,
aunque estuviera delante.
Soy un caballero que visita ventanas,
que no canta versiones,
por los derechos de autor,
que se mueve por las ferias del desamor
como Pedro por su casa,
que te escribe poemas
y que miente
si te dice que no espera nada a cambio.
Soy un caballero,
como los de antes,
como los de nunca,
como los de siempre,
con su alopecia,
sus complejos,
sus michelines,
sus desgastes,
sus historias,
sus Descartes,

sin filosofías;
que si existo, no pienso,
y si pienso, será que existo.
Soy un caballero,
que te pretende,
que te anhela,
que te desea,
pero no se atreve a decirlo,
porque el rechazo duele,
como la verdad,
como tu pecho,
como la vida.
Soy un caballero que ha pasado de moda,
que no se entera de nada,
que no barre sin tu escoba.

PAU

Yo quiero ser poeta
y comprar el humo que desprendes,
que no se pare mi tiempo,
ni el de nadie;
ser un pura sangre,
tan bonito como quieras,
sin lado oscuro,
sin dependes.
Quiero ser siempre yo,
con agua,
sin gritos,
que seas mi amiga, aunque no quieras,
ni yo tampoco pueda,
pero serlo pese a todo;
ser siempre yo,
no callar mis silencios,
no decir adiós.
Déjame vivir en tus orillas,
de vuelta de mis meandros
y de los tuyos,
que son el mismo río.
Eso que tú me dabas
dámelo hoy,
y perdona mis silencios,
de los que no soy dueño,
porque no sé quién soy,

si no duermes conmigo,
ni tocas mi canción.
Hoy no encuentro la manera
de cruzar pasos de cebra,
ni en Tokio,
ni en Abbey Road.
No quiero ser bala perdida,
ni perro apaleao,
ni tener la muerte encima;
quiero ir a lo loco,
pero nunca de prestao,
cambiar de piel,
no creer en Romeos ni Julietas,
esperar besos de flacas,
agustito con la vida,
empezar de cero
y que lleguen primaveras.

GEOMETRÍA VARIABLE

Beben los vientos sin sed
de los mares sin sombra.
Buscan las nubes las copas taladas
de los árboles por plantar,
y se suicidan los meteorólogos
por falta de acierto.
Cotizan a la baja los isósceles,
no encuentran cuadriláteros los boxeadores,
por huelga de guantes caídos
y cejas rotas.
Se cansan las aceras de pies arrastrados,
y los estantes de ser violados,
sin juez,
ni abogado,
ni parte,
ni testigos.
Se aburren las cámaras de ser vigiladas,
los vigías de ver decorados,
los derviches de dar vueltas sobre sí mismos,
y el dinero de ser manoseado,
y las tarjetas sin ranura
visitan al psicólogo.
Cantan las sirenas en Eurovisión,
pero no tienen patria si ganan,
ni padrinos,
ni escenarios,

ni números de cuenta,
ni paraísos navegables,
ni peines de colas.
Los círculos buscan finales abiertos,
los cuadrados su laberinto,
los laberintos minotauros,
los minotauros libros de bolsillo,
los libros lectores,
los lectores subterfugios,
los subterfugios axiomas,
los axiomas dudas razonables.
Se buscan meretrices vírgenes,
políticos sinceros,
vertederos limpios,
huérfanos con fotos de familia,
huesos sin tuétano,
telediarios sin muertos,
canales sin mando.
Se ofrecen relaciones virtuales,
a precios razonables,
para todos los gustos,
sin tactos,
ni rutinas,
ni compromisos
de usar y tirar,
de tirar sin usar,
de guardar en cajones sin llaves,
ni memoria,
de botones sin ojales,

de ojales ciegos.
Estudian los planetas sublevarse,
para fomentar estudios,
tertulias,
detectar anomalías,
cambios de estado,
regalar lunas,
quitarse anillos,
edades,
pleitesías.
Se cuentan dedos de las manos,
para cuentas hacia atrás
de números impares
y frases hechas,
para llegar donde siempre,
para besar como nunca.

PLÁSTICOS

Los plásticos vieron lejos su extinción
y pusieron en hora sus relojes,
parados en la hora del Ikea.
Se congregaron de manera ilegal,
en alcorques rebosantes,
en papeleras vomitando,
en las aceras anestesiadas
por el aliento de mascarillas muertas,
en cunetas, arcenes;
aprendieron a cruzar las carreteras,
y como los ríos,
encontraron su camino hasta el mar,
y faltó agua para tanto desperdicio.
Los cartógrafos registraron un nuevo continente,
los gobiernos no se pusieron de acuerdo
para ponerle nombre,
los contenedores amarillos cambiaron de color,
los fondos marinos se disputaron las patentes,
la bolsa hizo honor a su nombre,
y los Neptunos de la lista Forbes se frotaron las manos,
sin necesidad de afilar sus tridentes.
Los satélites se deprimieron,
incapaces de distinguir mares de invernaderos,
islas de istmos,
istmos de lenguas,
lenguas de signos,

signos de vida.
Las tortugas marinas adaptaron su dieta,
los delfines aprendieron a visitar las nuevas costas,
salieron Noés de debajo de las piedras,
sin leña con la que construir sus arcas,
sin diluvios que llevarse a la barca
y sin fauna que salvar.
En los sitios convenidos
se repartían hostias consagradas,
debidamente plastificadas
con sus códigos de barras,
sus etiquetas,
sus caducidades,
sin gluten,
ni perdón,
ni concesiones,
para bolsillos exclusivos,
para almas selectas,
y el resto de los humanos comulgaban
con piedras de molino,
de aguas pasadas que aún movían sus aspas,
sin filtros, ni depuradoras.
Cupieron camellos por los ojos de las agujas,
llenos los cielos de ricos sin escrúpulos,
con Mateos de verbo arrepentido.
Los cíclopes enhebraron su pena,
huérfanos de un ojo,
pero ricos en lágrimas,
abandonados a su suerte

de gentes sin perspectiva,
sin Galateas, ni esperanzas,
hartos de vendimiar el vino de otros,
de regar con sangre propia economías ajenas,
de vivir de diezmos,
de propinas,
de rentas mínimas vitales,
de malvivir con porcentajes
que anulan realidades.
Se buscó un rey acorde con el nuevo reino,
y hubo tantos candidatos
que fue imposible elegir uno.
Hubo un golpe de Estado
que pronto se olvidó,
y se instauró una monarquía
de andar por casa,
con sus cuitas y sus vainas,
con sus derechos de pernada,
con sus pagas asignadas,
y el pueblo tragó
envuelto en sus plásticos sumisos,
sus visas sin fondos,
los precios sin topes,
sus almas sin salmos,
a la deriva las ansias,
a la intemperie el amor,
sin abrigo adecuado.
Y así pasaron mil años y nada cambió,
y llegaron nuevas pandemias,

otros desastres,
los mismos perros con otros collares,
los plásticos contaron la misma historia
a otras generaciones
que hablaban igual,
que vestían diferente,
que no se miraban a los ojos,
que no querían saber,
que pactaron su desánimo de antemano
en úteros arrendados
por las leyes mordaza,
por sufragio devengado,
por ósmosis inversa,
y cuando se despertaron,
la isla de plástico todavía seguía allí.

PRINCESA

Nunca es demasiado tarde princesa,
para ser lo que tú quieras,
para seguir siendo lo que eres,
sin trampas,
ni cartones,
sin ataduras,
sin comisiones,
sin príncipes valientes,
ni espadas en las piedras,
ni galanes trasnochados,
ni leyendas rancias,
ni jamelgos fondones.
No está hecha tu testa para llevar corona,
no necesitas que te vistan,
ni que enciendan los faroles,
ni corte,
ni diezmo,
ni bufones,
que te quieran sí,
pero solo a tu manera.
Tú no quieres hemofilias,
ni traiciones,
ni acuerdos,
ni trasfusiones.
Tu sangre no es azul,
solo lo son tus ilusiones.

Siempre sales sin escolta,
recorres veredas,
sin prisas,
ni reverencias,
buscando cardos,
censando aves,
amapolas,
caracoles,
hierbas,
tulipanes.
Aunque eres princesa,
naciste plebeya,
sin pedigrí,
sin cortejo,
ni galones,
ni residencias de invierno,
ni palacios de verano,
ni mansiones.
No necesitas carruajes,
validos,
ni balcones,
te gustan los caballos sin tiro,
los tiros sin blanco,
los blancos inmaculados,
los negros sin luto
y que suenen las canciones.
No es tu reino una amenaza,
no hay candados en tus puertas,
ni fosos,

ni venenos,
ni guardianes,
solo una alcoba medio vacía,
un corazón lleno
sin gota que lo colme.

LOS BUENOS MARIDOS

Los buenos maridos preparan desayunos,
piden permiso,
llevan a los niños al colegio,
saben comprar,
remiendan calcetines,
recuerdan las fechas,
hacen regalos y aciertan,
tiran de la cadena,
se levantan por las noches,
cambian pañales,
escuchan,
comprenden,
apoyan.
Los buenos maridos no se van de farra,
doblan bien la ropa,
imponen castigos justos,
consensuados,
darían el pecho si pudieran,
compartirían dolores de parto,
bifurcarían cordones umbilicales,
respetan cuarentenas,
no ponen los pies encima de la mesa,
pensarían con la cabeza,
te besarían por las mañanas,
te arroparían por las noches,
consolarían tus malos sueños,

comprenderían los tuyos,
saldrían a la calle cada ocho de marzo,
con pandemias o sin ellas,
estarían a las duras y a las maduras,
crecerían contigo,
sin ambages,
ni excusas,
sin condiciones.
Los buenos maridos no existen.

PERDÓN POR LA TRISTEZA

Perdón por la tristeza,
que me hace estornudar
sin alergias,
ni polen,
ni sangres alteradas.
Perdón por la tristeza,
que corre por mis venas,
heredera de barcos hundidos,
que surcaron mis mares,
con pena,
con gloria,
a toda vela,
condenado a galeras,
cantando bajo ventanas anónimas,
canciones olvidadas,
de pasados ilustres.
Perdón por la tristeza,
por las vidas no vividas,
por las heridas infligidas,
por las recibidas,
por los líquidos derramados,
por las risas congeladas,
por las facturas pagadas.
Perdón por la tristeza,
que habita donde vives,
que no sabe de mudanzas,
ni pormenores,

que se deja las luces encendidas
y la nevera abierta,
que suda por tus poros,
que no hace reformas,
que te toma el pulso,
que te quiere de verdad,
y te toca cada noche.
Perdón por la tristeza,
que visita a tu vecino,
y te habla a través de las paredes,
y te cuenta el final de la película,
y sabe besarte,
pero a veces no quiere,
que te despierta a deshoras,
y te llena la vejiga.
Perdón por la tristeza,
que es nombre de mujer,
pero no entiende de géneros,
ni tiene preferencias.
Perdón por la tristeza,
que no coge vacaciones,
que trabaja a destajo,
sin cobrar horas extras,
que no sabe de ertes,
ni ajustes,
ni reformas laborales.
Perdón por la tristeza,
que da nombre a tu calle
y conocen los carteros,
que nunca llaman dos veces.

CANTAUTOR

Cantautor, no me retrates
que yo ya tengo mi espejo,
que mi aliento es solo mío
y no se gasta,
ni se vende,
que te baste con tu vida,
que con la mía a mí me sobra.
No me gustan los dulces compartidos,
ni los alientos confiscados,
ni la brisa en otra cara que no sea la mía,
ni mi letra en tu canción.
Yo podría ponerte música, pero me da pereza
y me entristece reconocerme en otros surcos,
que habitaron mis tubérculos,
antes de que fueras tú,
antes de ser yo,
antes de que la lluvia oliera a mojado.
Nunca tuve buena voz,
me cansan las armonías que no cuentan conmigo,
las personas que miran para otro lado,
los vasos medio llenos,
las brújulas,
los refranes,
los relojes de arena,
la gente que dice que todo va a salir bien,
porque nada sale mal,

solo diferente a como lo habías pensado.
Yo no quiero vivir en tus estrofas,
ni en las bocas de la gente que las canta.
Déjame agonizar a mi manera,
en silencio,
sin testigos,
sin trovadores,
con mis venas transitadas,
por la misma sangre que me vio nacer.
Y cuando te aplaudan, alégrate,
porque no siempre ocurre,
y nunca sabes cuándo va a ser la última vez,
ni si lo mereces,
solo es una escala más en tu camino,
y otro cantará lo que perdiste.

QUE DIOS ME PERDONE

Que Dios me perdone,
si es que existe y le apetece,
por querer lo que no debo,
por besar pieles curtidas,
por tumbar árboles vivos,
por afilar alfileres,
por mirar por los ojos de agujas,
que enhebran otras vidas,
que pudieran ser las mías.
Que Dios me perdone,
por andar descalzo por brasas extinguidas,
por desear los callos de otras manos cansadas,
por mirar bajo la alfombra de las cosas desechadas,
por leer en tu diario lo que piensas de mí,
ya que nunca me lo dices,
y es mejor así.
Que Dios me perdone,
si no cumplo mi palabra,
si empeñé mi empeño en causas perdidas,
si visito escaparates con mirada homicida,
si te miro con pasión mal contenida,
si busqué cofres hundidos en el mar equivocado,
y me encontré con pecios
que no sabían de su suerte.
Que Dios me perdone,
si te falto al respeto,

si se acaba mi paciencia,
que no es por mala fe,
sino por falta de fuerza.
Que Dios me perdone,
por pedirle si me asusto,
por sangrar por otra herida,
por rascar donde no llegas,
aunque no lo hayas pedido,
por buscar en tus pecados penitencias propias,
por dejar en tus rellanos,
mis felpudos no comprados.
Que Dios me perdone,
si teniendo de todo sigo deseando más,
por añorar lo que no tuve,
por quererte besar,
por hablar más de la cuenta,
por traicionar tu confianza,
por dejarte escapar.

UN HIJO

Un hijo es la sangre derramada,
la placenta arrepentida,
el calor en vena,
el frío en los huesos,
la noche en vela.
Un hijo es un cuento inacabado,
un útero abandonado,
un reflejo en miniatura,
un coro de caracolas,
un corro de la patata,
un pan con chocolate,
un gato blanco en el tejado.
Un hijo es la vida bendecida,
el alma iluminada,
la calle a la espera.
Un hijo es el nido completado,
el cartel de no hay billetes,
la sala abarrotada,
el cielo despejado.
Un hijo es un plato aderezado,
un vino reposado,
un postre rico.
Un hijo es la lección aprendida,
la palabra a medias,
un ciclo desatado,
el premio merecido,

el color en las mejillas.
Un hijo es el libro por leer,
el temblor del corazón,
el hielo derretido,
el beso en los labios,
la flor de la piel.

SI ME INVITAS A BAILAR

Si me invitas a bailar,
propongo un tango,
que es lo más elegante,
aunque no me sé los pasos,
pero no en un salón,
que eso se me queda grande;
prefiero en una baldosa,
para estar más cerca,
para pisarte los pies,
para que me llames torpe.
Si me invitas a bailar,
no me pidas pasodobles,
que no sé qué significa
y me pongo nervioso
con mis dos pies izquierdos,
que otra cosa es la bachata
y otra el chachachá,
que está todo muy marcado,
y me puede la anarquía.
Si me invitas a bailar,
no me pongas reggaetón,
que eso sí que es una mierda
y no gasto mi energía
en cosas tan baldías.
Si me invitas a bailar,
no me enchufes un bolero,

que no me gusta el dulce,
por si luego da diabetes,
y no me queda insulina.
Si me invitas a bailar,
que sea delante de todos,
que la envidia sí me pone,
si soy yo quien la causa,
y eso le causa urticaria
a quien no me quiere bien.
Si me invitas a bailar,
que no sea swing,
ni samba,
ni salsa,
que total yo ya me adapto,
a la forma de tu cuerpo,
a tu latido,
que de eso Aute sabía un rato,
y por desgracia se ha ido,
y yo bien que lo he sentido.
Si me invitas a bailar,
dímelo al oído,
que no sé decir que no,
y por eso muchos bailes he perdido,
pero ahora todo ha cambiado,
y en la distancia
puede que te resulte atractivo,
y ha llegado mi momento.
Si me invitas a bailar,
pídeme turno,

que cuando saque la lista,
no serás la primera,
pero tampoco la última,
que yo juzgo por instintos,
y en las distancias tan cortas
se me olvida lo que apunto,
se me oxida lo que escribo
y no sé ni lo que bailo.

SE NOS PASA LA VIDA

Se nos pasa la vida
entre pólvoras y salvas,
entre idas y venidas,
entre rojos y azules,
entre cursos lectivos,
entre grupos de WhatsApp,
entre pérfidas conjuras,
entre acuerdos sin acordes,
entre asaltos y telediarios,
entre luces y sombras,
más sombras que luces,
todo hay que decirlo,
entre antónimos y homónimos
que lo opuesto y lo parejo son una moneda,
con diferente cara,
con el mismo cuño,
de fácil acceso,
de curso legal,
de alto interés,
de bajos fondos,
de letra pequeña.
Se nos pasa la vida,
entre dimes y diretes,
entre besos y vómitos,
entre canjes y tratos,
sin llegar a ningún lado,

sólo pasando el tiempo,
como si hubiera más y donde guardarlo,
ufanos de la ignorancia que mostramos,
como sardinas en lata,
alineadas para su consumo,
esperando quien la abra,
para tener un sentido
que compense el esfuerzo
y la claustrofobia.
Se nos pasa la vida entre pautas y taxímetros,
en espera sin salas,
en salas vacías,
de danzas muertas,
de giros huecos,
de autos de choque,
buscando alientos,
credos,
cláusulas,
condiciones.
Se nos pasa la vida,
y el mañana ya es hoy,
ayer un no me acuerdo,
el futuro un testamento.

ERAS

Eras el pan con sal,
el cáncer en los huesos,
el caos organizado,
el principio del fin,
el final de los principios,
una ruleta rusa con seis balas,
y una más en la recámara,
el grano en el culo,
el picor aliviado,
la vejiga llena,
la china en el zapato,
la sopa en invierno,
el callo en el pie,
el canto del cisne,
las campanas doblando,
puede que por mí,
la uva madura,
el queso fuerte,
la herida abierta,
el beso de mariposa,
el veneno que volvería a probar.

HOMENAJES

Habito ciudades invisibles,
compartiendo piso con damas con perrito,
con guardianes entre centenos,
con corazones delatores,
escuchando música de cañerías,
sin viejos y sin mares.
Soy el tercer hombre,
el chico de la última fila,
la magdalena sin tiempo que perder,
sin islas del día de antes,
de rosas sin nombre,
de paraísos perdidos,
en estanques dorados,
sin anillos de poder.
Soy el hombre ilustrado,
sin tatuajes,
sin historias que contar,
con mis crónicas marcianas,
relatos del día después.
Creo en los amaneceres,
que no son poco,
en las redenciones,
en los sábados,
en las sedas,
en los vértigos,
en las ilusiones,

en Penélopes,
en Ítacas,
en Troyas,
en Termópilas sin trescientos,
porque no sé contar,
en los eclipses si no son totales,
en tierras de cristal,
en detectives salvajes,
en Rayuelas,
Hacedores,
Leviatanes.
Me muero por besar tus labios tristes,
de ventanas indiscretas,
desayunando diamantes,
sin faldas y con calma,
a la sombra de un almendro,
que da peras siendo olmo.
Quiero ser la brisa de tu lamento perdido,
de tu Aleph,
tu laberinto,
tu gozo y tu sombra,
tu barraca,
tu algarrobo,
tu chanquete,
el espíritu de tu casa,
tu Alicia,
tu baldosa amarilla.
No me pidas que arda
a la temperatura correcta,

ni que sea tu general,
ni tu cólera,
ni que anuncie mi muerte,
ni bandejas de plata,
ni bolsas de agua caliente,
pídeme Evas Luna,
amazonas,
Manaos,
más madera,
sopa de ganso,
cisnes negros,
barones rampantes,
flores rotas,
biblias de piel fina,
Amelíes,
coranes,
vírgenes suicidas,
seductores,
un gran azul,
un Gran Torino,
un gran Gatsby,
conjuras sin necios,
padrinos,
sangres frías,
encuentros en cualquiera de tus fases,
teléfonos rojos,
apartamentos,
transiberianos,
cadenas perpetuas,
libros sin finales.

CAMBALACHE

La vida es un mercadillo,
antes de todo a cien,
ahora de todo a un euro,
que parecía que era lo mismo,
pero ¡joder con el cambio!
Porque los redondeos nunca juegan a tu favor,
a no ser que seas un banco,
y, en ese caso, tienes bula,
para ponerte a medrar,
para buscar calderilla en otros bolsillos rotos.
Antes te parecía bien
y ahora soy un enemigo,
y no sé lo que ha cambiado,
si fuiste tú o he sido yo,
si hemos sido los dos,
si fue el vecino de enfrente,
que de tanto espiarnos se ha quedado ciego,
sin ventana indiscreta,
sin cupones,
ni alabanzas,
ni labrador que le guíe,
y en este cambalache
no soy moneda de cambio,
solo coche aparcado,
sin almendra,
ni desguace,

sin surtidor,
ni recambios,
sin bastidor,
ni etiquetas,
que de tanto arrancarse
se quedó sin objetivos
y que espera en su parcela
a que venga otro dueño,
que me libre de este hastío,
que me cambie el aceite,
que me brinde otro sueño,
que coincida con el mío.

A TRES BANDAS

A tres bandas juegan al billar los desahuciados,
sin tapete, ni bolas,
con la mesa hipotecada,
con el tiempo de prestado,
con un palo de rímel corrido de tanto besar esferas,
de gritar mansedumbres,
de callar agravios,
de esperar golpes de suerte,
que prefieren otros barcos,
otros timoneles.
Esperan las cruces de los calendarios,
aguardan las maletas su relleno,
los muebles sus Ikeas,
con tornillos de menos,
con las ganas de más,
los parqués su acuchillado,
las subastas su agosto adelantado,
los libros su dictado,
los mecenas su balance,
el resto su porcentaje,
las sentencias los juzgados,
los parias su destierro,
los bancos su beneficio,
el casero su inquilino,
el inquilino un refugio,
el desahuciado un hospicio,

el okupa su resquicio,
las carteras un respiro,
los respiros aire fresco.
A tres bandas se besan las esquinas y sobra una,
que está de más,
sin chaflán donde agarrarse,
sin galán que la conquiste,
ni tuno que le cante,
ni paraje aproximado,
que paisajes somos todos
y ya estamos visitados.
A tres bandas se citan las sierpes,
que no saben de retrasos,
que acumulan telarañas,
que disfrutan de tu olvido,
que te exigen las prebendas,
que rellenan sus bolsillos,
que te quitan de las manos
la ilusión que te vendieron,
que duermen a pierna suelta,
sin nanas, ni pastillas,
sin ovejas que contar,
con sus cuentas numeradas
de portales anónimos,
de calles que no existen,
de ojos que no miran,
de corazones que no sienten,
radios de una rueda
que no para de girar.

CALOR

No me busques si hace calor,
que soy hijo del invierno
y el verano me castiga,
si comparto con espigas la añoranza de los campos,
el regreso de las aves,
el maizal abandonado.
Yo no quiero más abrigo que el cobijo de mi piel,
que comparto si tú quieres,
que sólo disfruto lo que es mío,
si es en buena compañía,
que no quiero estar solo,
aunque empañe cristales de fábricas abandonadas
y condone deudas de candados rotos,
que no visitaron vallas por falta de compañero,
por las llaves oxidadas que buscaron otras estrías,
que no coinciden con las mías,
pero unos tienen alma de cerrajero,
otros las llaves del reino,
muy pocos la razón
y todos el deseo,
que te acaba traicionando.
No me abras la puerta si no llamo,
que podría ser otro y gustarte más
y para eso no hay recetas,
ni idearios,
ni decálogos,

pero sí frases hechas,
refranes, consejos, canciones,
que nadie aplica para sí,
que todo está muy visto,
hasta que te pasa a ti.
No te cambies de hemisferio si no te gusta el verano,
que en las mismas fechas cae el afelio,
estés donde estés
y aunque esté nublado,
sigue siendo el mismo cielo
y los girasoles lloran sus semillas,
enfadados con el sol que les agosta,
mirando hacia abajo
con el agua justa,
sin protección solar,
con cementerio aledaño,
que esa es la casa de todos
y hacia allí nos dirigimos.
No te quejes del calor si te cansas de misterios,
ruinas, templos, adefesios,
si te molan los rufianes con carita de bueno,
que todo es el mismo escenario con distintos decorados,
ni graves en mi cuenta lo que falta en la tuya,
que no sabré de balances,
pero sí de sinsabores,
y a ti también te faltan cosas,
aunque no hables de ellas.
Busca quien te quiera como quieres,
alguien que no tenga dueño,

ni sofá dónde dormir,
que luego te dejan solo y no sabes cómo ha sido,
que yo haré lo que pueda
y después lo contaré,
sólo a quien sepa escuchar,
que de qué vale una historia
si no la sabes contar.

CONQUISTADORES

No me gusta que habiten los libros de historia,
gentes que tomaron lo que no era suyo,
que fomenta estatuas,
que hallaron sures tras perder el norte,
que cultivan leyendas rancias,
que labra campos ajenos con yuntas robadas,
para hacerlos propios,
que no reparten beneficios,
que profesan fes distintas que deben ser las tuyas,
de nombres recordados,
de méritos discutibles,
que no se extinguieron,
que viven contigo compartiendo descansillo,
salón de belleza,
de apuestas,
que se intercambian los yelmos, las cruces,
que se golpean el pecho,
que saldrían si les dejaran a ocuparte tu parcela,
a esquilmar tus estantes y mirar con arrobo los suyos,
llenos de cosas de gente sin hambre,
que guardan para mañana,
porque saben que vendrá y será para ellos.
No entiendo que sean longevas las ansias
y las vidas de los que mataron,
por escarnio y por limpieza,
por no pensar como ellos,

por habitar otras pieles que sudan como la suya,
que encontraron los respiros que ellos negaron,
que murieron de viejos con tibieza y sin rescoldos.
No entiendo que los buenos marchen pronto,
y los malos permanezcan,
que se repita siempre,
descartando el error,
confirmando la estadística,
perpetuando el mismo juego,
en el que todos juegan,
pero ganan los mismos,
una y otra vez,
y encima da las gracias,
que te permiten jugar,
porque solo hay un tablero
y no se llama ajedrez.
No entiendo el ojo por ojo,
ni unos dientes por otros,
ni las venganzas frías,
ni los tiros en caliente,
ni los rencores longevos,
aunque a veces apetezca,
pero sé de camas grandes,
de alientos tristes,
de paraísos perdidos,
que otros encontraron,
condenándome al olvido,
conquistadores de turno
que tuvieron los arrestos que a otros nos faltaron,

que no repararon en reparos,
gente que pone a su nombre
lo que oculta la luna,
que algo tendrá que esconder si no se muestra.
No me gusta que las historias las escriban
los que ganan y lo hagan a su manera,
que después son las leyes,
que todos han de cumplir,
pero tal vez si yo ganara,
aplicara el mismo método,
que alguien censuraría
y las cosas son así.
Prefiero ser conquistado a conquistar,
por pereza existencial,
porque tengo mal de altura
y me asustan los finales sin principio,
los principios eternos,
y me cuesta diferenciar paisajes ajenos,
que no reconozco mis huellas,
sobre todo si me siguen,
y me gusta borrar rastros
que permitan escapar.

HUESOS

A veces me desagrada todo tanto
que no sé cómo seguir,
ni por qué lo hago,
con el alma en los huesos,
famélica de tanto penar por nada
que merezca la pena,
que sólo rompo moldes por hastío,
que por rabia me siento extraño
y me aburro enseguida.
A veces camino sobre ascuas extinguidas,
que me dan miedo las quemaduras,
y para eso está el sol,
que es el mismo para todos
y se supone que está lejos,
y no nos puede matar.
A veces me agarro a las ramas de los árboles caídos,
porque me dan miedo las alturas
y si caigo de tan bajo,
hasta puede que haga gracia
y alguien se pirre por mis huesos,
que están de capa caída,
en huelga de tuétano,
con la artrosis al acecho
y la vida en una esquina,
y entonces sea tan feliz
que me vuelva a equivocar,

y de qué sirven los pasados,
si no los puedes evitar.
A veces buceo en mares poco profundos,
porque sé que me ahogo en un vaso de agua,
y me gusta subir las apuestas,
con nada que ganar,
con todo que perder
y para eso están los socorristas,
para devolverte a la vida,
para volver a empezar,
para cagarte en sus tripas,
por poderte salvar,
porque la sal es lo que tiene,
que te hace flotar.
A veces me duelen los huesos
y no es por el cambio de tiempo,
ni el vudú que tú practicas,
es porque el dolor te despierta
y el placer adormece,
y es mejor estar atento,
por si acaso ves una ciudad que debas visitar.
Otra cosa es el pasaje,
aunque lo puedas pagar,
que no hay sitio para todos
y en los sorteos un solo ganador,
que los ganadores no saben de poesía,
porque no la necesitan
y después está Hacienda,
que te exige su parte y no sabe de oficios,

pero sí de beneficios.
A veces, por culpa del mando,
veo programas estúpidos para sentirme superior,
y resulta que soy como todos,
esclavo del Gran Hermano,
de los cítricos,
de las primeras citas,
de los chefs atolondrados,
de las caras que te suenan,
y al final apago la tele
y visito mi reflejo
que se ríe de mí,
él tan orondo,
yo en el chasis,
escuchando a las sirenas,
que no me quieren cantar.

NO ES LO MISMO

No es lo mismo ver que creer,
ser que estar,
aunque seas inglés;
hacer el amor que follar,
aunque hay quien lo confunde;
insinuar que actuar,
besar que oscular,
tender que entender,
pegar que golpear.
No hay teléfonos de la esperanza,
si no hay nadie al otro lado,
ni conoces la extensión,
ni el nombre de tu salvador,
si te pueden seguir el rastro,
aunque no en la factura.
No te creas lo que oyes,
si no crees en ti mismo,
si vas a misa,
pero temes los cielos negros,
los ruidos fuertes,
la comida sin bendecir,
si visitas museos sin guía
de ciudades de otros,
olvidando los tuyos.
No es lo mismo acercarse que abrazarse,
aunque amar y odiar se parezcan,
y los crepúsculos sueñen con ser amaneceres,

y el agua arrepentida con volver hacia arriba,
y los crisantemos con ser rosas,
y las rosas con su esencia,
desprovistas ya de espinas.
No es lo mismo contagiar que contagiarse,
aunque acabes en el mismo sitio,
porque la vecindad es una imposición,
como las ausencias,
los cráteres, los velorios.
No es lo mismo tirar que aflojar,
beber que vendimiar,
el plástico que el vidrio,
aunque contengan el mismo líquido,
porque los recipientes condicionan,
como los prefijos,
como los oráculos,
como los epílogos.
No es lo mismo el debe que el haber,
aunque se necesiten;
la noche o el día,
aunque se nieguen;
la calma o el viento,
aunque se adulen,
y al final todo depende del ojo con que mires,
del ángulo de tu cuerpo,
de la ficha policial,
de la autopsia,
de lo que diga tu esquela,
de tu efeméride,
de lo que dicte tu conciencia.

PARTES DE GUERRA

Tienen las contiendas una mala costumbre,
que es no saber distinguir los colores,
ni los bandos, ni las trincheras,
pero saben de lodos,
de miserias, de sangres,
de rutinas, de marcadores.
Tienen los generales la manía
de sacar punta a sus estrellas,
de no dar importancia a los soles,
ni a las señales,
de no mirar al cielo raso,
de no distinguir constelaciones,
de dictar sin pensar,
de escribir sin tinta,
de redactar informes falsos para oídos sordos.
Tienen las relaciones el vicio de discutir,
sin atenerse a razones,
obviando partes de guerra,
recuentos,
olvidando lecciones,
editando decálogos en lenguas muertas.
Tienen las vías de tren la fuerza de voluntad
de no mirar hacia atrás,
de no seguir sus pasos,
de encadenar estaciones,
de conectar viajeros ajenos,

con ciudades nómadas,
de sumar adeptos para causas perdidas,
de sembrar los campos con itinerarios breves.
Tiene la vida la mala baba de no contar contigo,
de no importarle lo más mínimo,
de ponerte un número en la frente,
el código de barras,
que marca tu precio.

¿Y QUÉ LE VOY A HACER YO?

¿Y qué le voy a hacer yo si la gente
no quiere certezas, ni tristezas,
si cultivan subterfugios con abono caducado,
si mendigan alabanzas,
si se venden sin ofertas,
si compran humo a precio de oro,
si todo les vale y nada les alcanza?
¿Y qué puedo hacer yo si claudico sin presiones,
si amenazo ofreciendo manos,
si me dejo avasallar,
si trato de besar con mascarilla?
¿Y qué le voy a hacer yo si no creo en nada,
ni en casi nadie,
si todo lo que tengo se me escapa
y lo que me queda no me vale?
¿Y qué le voy a hacer yo si prefieren que mientas,
que la verdad no está de moda
y la sinceridad es una enfermedad
que es preciso erradicar?
¿Cuál es el precio de tu alma,
ya que el peso lo sabemos?
¿Y qué le vamos a hacer si preferimos
cautiverios a emociones,
rosas muertas a malvas vivas,
una imagen a mil palabras?
¿Y qué le voy a hacer si la luna no sabe de mareas,

si lo hace por costumbre,
aunque nunca se le olvide?
¿Y qué le voy a hacer si no tiré tus fotos,
y las miro, pero no me reconozco?
¿Y qué le voy a hacer si oigo el mar,
pero no lo veo,
si te siento, pero no te tengo,
si soy un fantasma y no me he dado cuenta?
¿Y qué le voy a hacer yo si tengo un verso suelto
y no sé dónde ponerlo?

YA NO QUEDAN

Ya no quedan artistas que envuelvan
urbes, monumentos, islas,
ni que envasen mierda y la vendan al precio del oro,
ni conviertan en iconos latas de tomate
e inodoros en tronos dignos del mejor rey,
ni que vendan trozos de río de ciudades míticas,
o inventen pigmentos,
o derritan relojes por capricho estético.
Ya no quedan odiseas en el espacio,
pero aún muchas en la tierra,
que se vislumbra desde allí.
Ya no se transita por el lado salvaje,
sólo por la tristeza de las ciudades,
de los parques sin Güell,
de los muros sin Berlín.
Y la fama es un balcón con turnos de quince minutos,
sólo para quien pueda pagarlo o no le importe su alma.
La Bauhaus es un centro comercial,
Beethoven un perro,
Moby Dick el nombre de un pub inglés.
Ya no quedan roscas en las tuercas,
ni hombres elefantes,
ni senderos de gloria,
solo pasta de dientes para dentaduras postizas,
surcos para tubérculos cansados,
jamón sin vetas blancas.

Ya no quedan Altamiras,
ni cumbres vírgenes,
solo vendettas,
crisis, revueltas.
Ya no quedan valses que coger,
ni flacas, ni al albas,
solo vías muertas,
trenes vacíos,
catenarias tristes,
lluvias púrpuras,
rapsodias bohemias,
camarones sin islas,
Pacos sin Lucías,
sitios sin recreo.

AMIGA DESCONOCIDA

Seguro que estás guapa con mascarilla,
y mejor aún sin ella,
aunque tú no seas mi tipo,
ni yo el tuyo,
pero eso qué más da,
si no sé qué significa,
ni si tiene importancia,
ni si vale para algo más que para hablar,
que también es importante,
y de momento en ello estamos,
con las pausas sin prisas de los amigos desconocidos,
que no se han visto las bocas,
y que saben que los besos son mejor si son impares,
y resuenan por las calles,
que no son de ti,
ni de mí,
ni de nadie,
ni de quien quiera comprarlas,
porque ellas no quieren dueño,
ni tienen precio asequible,
y no saben de sobornos cuando llueve.
Y sólo sé que eres un planeta
que una vez alumbró un satélite,
que te atrae por su dulzura
en el perihelio constante
de las órbitas amigas.

Y yo te deseo Casas Blancas,
sin noches negras,
que no somos perfectos
y ni falta que nos hace,
y todo tiene un principio y un final,
sin que el orden importe,
que la vida y los números no se llevan bien,
aunque se necesiten,
aunque se suplanten,
se solapen,
se traten de tú,
hasta la amistad,
sobre todo si es bonita,
aunque no sea para siempre
y aún no haya empezado,
que las fronteras son puntos de fuga
y los límites carreteras secundarias
sin arcén para aparcar,
sin cuneta de repuesto,
que si las vas a coger, no saben dónde llevan,
pero eso no importa si sabes de dónde vienes.
y adónde no quieres ir.
Amiga desconocida,
que te debo un presente,
que escribí con las entrañas,
camufladas en un corazón que late por costumbre,
que desnudo mi alma a plazos incumplidos,
a ratos sueltos,
en mis madrugadas,

en los tedios perdidos de las mañanas tenues,
y te envío frases barridas por vientos antiguos,
unidas sin más propósito que mantener una hoguera,
que no sabe de San Juanes,
clausuras,
posposiciones,
cancelaciones,
que solo espera el momento incierto
de hacerte la ofrenda,
que pasará a nuestra historia,
tan breve como todas,
tan larga como ninguna,
tan simple como eso,
que lo demás es el futuro
y en eso no puedo entrar,
que yo soy bufón amable
y tú princesa presente,
y yo Jorge sin dragón,
y tú Diana sin blanco,
y nos unió una pandemia,
que ahora nos viene de vuelta,
amenazando reuniones
y un lugar un tanto extraño,
que los peces no saben de su suerte,
si no pican el anzuelo,
y es lo que tienen las branquias,
que son como los pulmones,
por si nos llega un diluvio
y es mejor acostumbrarse.

Amiga desconocida,
botón de oro,
disfrazada de princesa,
que aguardas en tu castillo
la llegada de lo que sea,
que aliente los fuegos fatuos
de las buenas intenciones,
que yo sé que eres verdad,
y con eso a mí me vale.

NO SÉ QUÉ TIENE ESTE AÑO

No sé qué tiene este año
que está todo desfasado,
que las fechas no coinciden,
que los domingos son lunes
y los viernes un suspiro,
confundiendo calendarios,
estableciendo rutinas
que ayer eran distopías.
No sé por qué la gente se disfraza cada día
con el mismo disfraz,
con distintas intenciones,
celebrando en julio carnavales,
esperando un suceso que no acaba de llegar,
pospuesto por convenio,
por tiempos establecidos,
por los mismos gilipollas
que se creen tan inmortales,
que hasta tal vez lo sean,
y eso es lo que más me jode.
No sé qué tiene este año
que no hay áreas de descanso,
que la vida es una estampa
que no cabe ni en los cuadros,
que te miras al espejo
y mantienes la distancia,
que te saludas de espaldas

y huyes de frente,
que si sabes lo que escondes,
ignoras lo que muestras.
No sé qué pasa este año
que está todo trastocado,
que los besos son ofensas
y las manos peces muertos,
que de tantos litorales
se ahogan en mares yermos,
que no es por falta de ganas,
sino por falta de afecto.
No sé qué ocurre este año
que no faltan noticieros,
que los sucesos son puñales
que se clavan en tu espalda,
que ya apenas los sientes,
porque de tanto rascarte,
se te olvidan los picores
y buscas horizontes
desprovistos de razones.
No sé qué tiene este año
que vacía Venecias,
que no llena catedrales,
que deprime catenarias,
que divorcia escalones,
que parece que no acaba,
pero lo hará como todos
y, al final, con la agonía
se te extinguen las excusas

y te tomas las uvas,
extirpando las pepitas,
exponiendo tus deseos,
imaginando mañanas,
que se visten con tu prisa,
que se ríen de tus gracias,
que te muestran un camino,
que no sabes si tomar.
No sé qué tiene este año,
que empezó como otros tantos,
que ahora es un mal sueño,
que se te agarra a las tripas,
que te hace estornudar,
que tal vez si te despiertas,
no se acabe de marchar.

ZOMBIS

Ahora los zombis llevan mascarilla,
hacen la digestión de lo que no comen,
de los besos que no dan,
de los pasados mejores,
de los sobres por abrir.
Ahora los zombis ya no van en grupo,
respetan las distancias,
no hacen botellón,
porque saben de contagios,
de tristezas,
de nostalgias,
de prioridades,
de abandonos,
de escraches,
de pudriciones.
Ahora los zombis se asustan
de las caras despejadas,
de los alientos liberados,
de las sombras que se acercan,
de las colas de los supermercados,
de los carteles pegados,
de la risa en un balcón.
Ahora los zombis reciben más atenciones,
ya no son los malos,
y se olvidan de las series,
de los horarios fijados

y esperan los rebrotes,
como la lluvia de abril.
Ahora los zombis ya no tienen mala fama,
compartirían contigo el abrazo deseado,
el cansancio acumulado,
su desazón.
Ahora zombis somos todos,
los demás una engañifa,
una broma pesada,
una impostura,
y esperamos la vacuna
que nos libre de este virus,
que no muere y que nos mata,
que nos devuelva a la vida,
que una vez dimos por buena,
que se antoja tan lejana,
como ahora tu mirada.
Ahora los zombis tienen miedo,
de nuevas normalidades,
de los rostros cubiertos a media asta,
de los cambios de fase,
de las aceras llenas,
de veloces corredores,
de los parques sin precintos,
de los niños gritones,
de sus padres descuidados,
de ciclistas redivivos,
de políticos,
consejeros,

matones.
Ahora los pequeños ya van a clase,
donde aprenden a ser zombis
por derecho y por decreto,
y se preparan desde chicos,
para lo que les espera.

ESTÁS EN TODAS PARTES

Estás en todas partes
y no te puedo sacar:
en la tinta de los bolis,
en el mando de la tele,
en las formas de las nubes,
que se llaman de una manera,
que pocos saben nombrar,
como yo,
que no me atrevo a llamarte,
por miedo a que me contestes
y volvamos a empezar,
y lo hagamos aún peor,
aunque eso sea difícil,
pero no nos subestimes,
que ya sabes de qué hablo
y es mejor dejarlo así.
Estás en todas partes,
en las multas de tráfico,
en los excesos de tu velocidad,
que no supe interpretar,
en los frenazos en seco
que no pude aceptar,
y me pasé de frenada,
y entre tanto devaneo
se acabó lo que se daba,
y yo no estaba ni en la cola,

pero sí se echar de menos,
que es la perífrasis triste,
de los que no saben bailar,
aunque se sepan los pasos,
que después no saben dar.
Estás en todas partes,
en cada significado,
en cada significante,
en las palabras con varias acepciones,
que coinciden con las nuestras,
que parecen antónimos,
pero son complementarias
y no sé vivir con eso,
que no sé ni lo que es,
ni si se come con cubiertos,
o con las manos,
o se comparte,
o se encarga para llevar
y al final lo dejo en el plato,
por la vergüenza de los sin hambre,
que no saben qué comer,
y así nos va.
Estás en todas partes
y no me canso de verte,
aunque sé que tú me ignoras,
porque sabes lo que haces,
y eres más fuerte que yo,
y qué le vamos a hacer,
y por eso yo escribo,

y tú abrazas tatamis,
y cada cual a lo suyo,
más cerca de lo que crees,
tan lejos como siempre,
cada uno en su planeta,
aunque saliéramos del mismo,
que después se perdió,
saliendo de una órbita,
tan difícil de seguir,
que es mejor ir por libre y abandonarse,
que hay atracciones que no compensan,
y por eso los agujeros son negros
y las historias tristes,
que cada cual las cuenta,
según las vivió,
pero eso cambia con el tiempo,
y las perspectivas son puntos de fuga
que no saben cómo huir,
y los delineantes no saben nada
de los trazos que no son suyos,
pero aun así los ejecutan,
por encargo,
por desidia,
porque sí,
y porque a veces surgen olas,
que alguien sabe coger,
y si resulta que es la tuya,
súbete y déjate llevar,
adonde quiera hacerlo,

que a lo mejor es la buena,
y eso es cosa del mar,
que funciona de otro modo,
y sólo eres una tabla,
que se puede hinchar
y no depende de ti.
Estás en todas partes,
menos donde yo quiero
y por eso es mejor acabar:
que otros sean los que juzguen
lo que yo no supe amar.

ABECEDARIO

Aunque me cueste admitirlo, me acuerdo de ti.
Bebo cada noche, pero no para olvidar;
cuento estrellas, pero me canso enseguida;
duermo con las velas, me despierto con las sombras;
estoy en varios sitios a la vez, pero no me encuentro en ningún lado;
fumo tabaco aún no cultivado,
gano en los arcenes lo que pierdo en las aceras,
hasta donde llegué ya han llegado todos;
invento juguetes para niños nonatos,
junto para que nunca me sobre,
karaoke desacompasado,
leo en las líneas de las manos lánguidas,
me excita encender ventiladores,
no me vendo, pero me ofrezco,
ñoño convencido,
ondeo banderas blancas,
pancartas negras con ánimo de ofender,
quiste agradecido,
reto a duelo a quien me tenga miedo,
sin turno para elegir arma,
tan de todos, tan de nadie,
ufano irrealizado,
variante sin incógnitas,
whisky con más alcohol de la cuenta,
xilófono acostumbrado a divagar,
yacimiento por explotar,
zángano sin reina.

REBROTES

Ya nos lo advirtieron,
y el que avisa no es traidor,
puede que gafe, bocazas,
listillo, agorero,
pero traidor no,
que esos son otros asuntos,
que precisan otros epítetos,
que igual no casan contigo.
Pero nosotros a lo nuestro,
que no hay quien nos tosa,
y mucho menos ahora
que la boca es un espasmo,
que amenaza con diezmarnos.
Ya sabíamos que vendrían,
pero es como el cuento y el lobo,
que de tanto cántaro
se nos olvida la fuente
y no hay piel que cazar,
ni oso que vender,
ni mendrugo que llevarnos a la boca,
que todo es acabar,
para volver a empezar
y en eso coinciden las ruecas,
con Penélopes o sin ellas,
los ciclos,
los bucles,

los circos,
que con tanta pista activa,
no se puede concretar,
y los payasos son tristes,
los leones marionetas,
y los funambulistas torpes,
pero el público es tonto,
que la kaka no es de lujo,
aunque la envase Manzoni
y la vendan las franquicias.
Ya vendrán tiempos peores
y te pillarán en bragas,
que es lo que tiene el machismo,
que ni crece, ni merma,
pero siempre está presente,
y lo dijo una costilla:
para no quedarme solo.
Ya los tenemos aquí,
y no eran tan diferentes,
porque somos los mismos,
que pasaron por el aro,
antes de que lo encendieran,
y ahora que nos quemamos
no nos parece tan malo,
que poco es un tercer grado
si ya existen las pomadas.
Si te libraste de aquello,
ahora te pilla seguro,
que eso es la lotería,

que te toca aunque no juegues,
y se te olvida cobrarlo.

TODAS LAS COSAS QUE NUNCA HICIMOS

Todas las cosas que nunca hicimos
son puñales inclementes,
y no lo digo por ti,
ni por ti,
ni siquiera por ti,
lo digo por cualquiera,
que pudiera haber sido.
Todas las cosas que nunca hicimos
no llenaron las postales
que no escribimos,
de las ciudades que no visitamos,
de los barcos que jamás abordamos,
por miedo a las consecuencias,
que otros llaman de otra forma,
sin dejar de ser lo mismo.
Todas las cosas que nunca hicimos
nos dejaron con el hambre,
de los bufetes que no compartimos,
abogados aparte,
que saciamos de otra forma,
cada cual a su modo, cada uno como pudo,
que el caso es comer
y después ya se digiere.
Todas las cosas que nunca hicimos

dejaron vacíos los museos,
cerrados por agorafobia,
que todo tiene un nombre
y no tiene que ser corto,
ni bonito,
ni fácil de pronunciar,
que para eso están las guías,
que te lo cuentan,
que te lo muestran,
por si no pudieras ir.
Todas las cosas que nunca nos dijimos
llenarán los diarios de otros
y alguien los leerá,
y tal vez sea entretenido,
como un baile con la pareja adecuada,
como la pieza en su molde,
como un carnaval en la fecha prevista,
sin disfraz elegido de antemano,
que cada cual viste las ropas
que le han prestado,
y a veces quedan grandes,
y otras a medida,
y a veces es mejor ir sin nada,
que la desnudez es bella
si no importa que te miren,
si te miran con dulzura,
que es lo que mejor te viste.
Todas las cosas que nunca nos dijimos
forman parte del pasado,

de los fetos en formol,
de las cosas no nacidas,
que es mejor no ver la luz,
si no sabes distinguirla,
y si molesta a los ojos,
que no pueden enfocar,
y no se puede nombrar
lo que no te han enseñado.
Todas las cosas que se quedaron sin hacer,
tal vez las hicimos antes,
o alguien por nosotros,
que llevara nuestros nombres,
con otras fotografías,
con otras sonrisas
que se parecen a las nuestras,
como un paseo por Donosti,
cogiditos de la mano,
de un paisaje imaginado,
que si se vive después,
ya no seríamos nosotros
y entonces es otro mundo,
que ya sería el de otros,
y por eso lo olvidamos.
Todas las cosas que nunca hicimos
son las cosas pendientes si se viven otras vidas,
que si alguna vez soñamos,
quizás se queden en eso,
y con eso nos quedamos,
por lo menos yo,

que aún sueño contigo,
aunque trato de olvidarte
y no espero correspondencia,
porque no tengo buzón,
ni la llave para abrirlo,
y es mejor así,
cada uno con lo suyo,
sin Anthony que nos cante,
ni besos furtivos,
con la cancela cerrada,
por si nos entra la prisa y no coincidimos,
que es lo más probable,
y para eso están los candados,
que no se deben abrir.

LA VIDA

La vida es esa cosa que me vino sin permiso
de una noche a una mañana,
con sus plazos previstos,
en tiempos de lecheros,
serenos,
caballeros,
dictadores,
revoluciones,
hippies,
censuras,
grises,
cines de sesión doble,
churros con junco,
cortes de helado,
que decidieron otros sin tenerme en cuenta,
y en eso no hemos cambiado,
que tal vez ya viví antes,
pero de eso no me acuerdo,
y entonces de qué vale.
La vida es lo que unos regalan y otros quitan,
de golpe o de a poquito,
empeñando los alientos
que después nos hacen falta,
que precisa ajustes,
trueques,
mercadillos,

cheques,
que se vende en las lonjas a precios pactados,
que se compra al regateo,
que unos valoran y otros no tanto,
que te asusta si se acaba,
que se acaba de repente,
que sufren otros menos tú,
porque ya te has ido y no sabes si has ganado,
ni siquiera si has estado,
que la vida es lo que escriben otros,
escribanos de un todo,
que encaja en tu nada,
que se firma con seudónimo,
para no reconocerte,
por si acaso cae en tus manos.
La vida es un rato que no depende de ti,
y tal vez eso es lo bueno,
para no echarte la culpa
de lo que no pudiste ser.

A MÍ TAMBIÉN ME PASA A VECES

A mí también me pasa a veces
que naufrago sin barco,
ni quilla,
ni timón,
ni cuaderno de bitácora,
ni libro de instrucciones;
que me visto por la cabeza
y me desvisto por los pies;
que cumplo años sin velas,
que berreo sin cuernos,
que maúllo a la luna nueva,
que beso cuerpos muertos
en anaqueles vacíos;
que disparo sin mirar,
y apunto a blancos ciegos.
A mí también me pasa a veces
que me acuerdo de ti
y escucho canciones
que me hacen sangrar,
por deporte y porque sí;
que te imagino a tientas
y me llega tu olor,
que tal vez sea el mío,
porque la memoria también necesita reírse,
y su espacio,
y sus recuerdos,

que después se perderán
como lágrimas, no sé dónde;
que replicantes somos todos,
sin comerlo, ni beberlo,
sin guiones, ni distopías.
A mí también me pasa a veces
que imagino paraísos soñados,
de islas putas,
sin istmos
ni esperanzas,
ni pasajes,
ni escalas,
con maletas perdidas
en tiovivos muertos,
que arruinan vidas,
vacaciones,
matrimonios,
herencias,
que venden pasajes de más
para personas de menos,
a cambio de habitaciones vacías,
de camas bien hechas,
con doble de todo,
aunque viajes solo.
A mí también me pasa a veces
que confundo izquierdas con derechas,
babores y estribores,
popas y proas,
coños y pollas,

porque todo es lo mismo,
aunque no lo parezca.
A mí también me pasa a veces
que los gritos parecen susurros
y las voces estertores;
que las lecciones son mantras,
y los mantras erecciones.
A mí también me ocurre a veces
que no piso suelo firme,
ni lo quiero,
ni lo pretendo,
ni lo aconsejo,
porque los abismos saben tu nombre
y te llaman de usted,
y pasan lista,
te ponen falta,
cobran factura.
A mí también me pasa a veces
que te pongo otra cara y no es la tuya,
pero me vale si me miras,
si aún no es mañana
y sigo durmiendo.
A mí también me pasa a veces
que no sé si te quiero,
si te odio,
si me matas,
si cocino para ti,
si me envenenas,
si desprecio el antídoto,

o lo fabrico,
porque todo es confuso,
empezando por el sol,
que si está lejos, te mata de frío,
y si cerca, te achicharra.
A mí también me pasa a veces
que me impongo dictaduras
y reclamo libertades;
que voto en blanco en urnas vacías,
que peleo sin razón
y beso sin pasión;
que me pregunto respuestas
que no requieren preguntas;
que interrogo latitudes
de meridianos breves;
que afirmo constelaciones por nacer
en nichos sin sellar,
que no solo las cartas saben de soledades.
A mí también me pasa a veces
que no quiero premios,
ni reconocimientos,
solo consolaciones.

EN ESTOS TIEMPOS OSCUROS

En estos tiempos oscuros,
de muertes prematuras y anunciadas,
de muertes en vida,
de vidas amordazadas,
vivir es una quimera,
una infundada esperanza,
un ramo como ofrenda,
una ofrenda adelantada.
En estos tiempos oscuros,
de vientos sin sombra,
de Marinas desaladas,
de Ángeles sin ganas de jugar,
de cielos que no hacen prisioneros,
de espíritus en sus laberintos,
las bibliotecas son refugios antiaéreos,
los escritores galeotes,
los barcos cetáceos a la deriva,
los libros salvavidas.
En estos tiempos oscuros
de apretar cuellos con rodillas,
de grabar tropelías,
de mirar para otro lado,
de ejecutar sentencias arcaicas,
de defender rufianes,
de distinguir colores,
de tensar pieles,

de sembrar tempestades
para poblar cementerios,
el que puede sobrevive,
el que no cría malvas,
el resto continúa,
y nadie es más que nadie,
aunque piense lo contrario,
y trate de demostrarlo.
En estos tiempos oscuros
de iras desatadas,
de virus liberados,
de mesas separadas,
de tráficos restringidos,
de amenazas mostradas,
de duelos sin sol,
de ciento cuarenta caracteres,
ampliados por mercado,
la muerte nos iguala,
los incendios no se extinguen,
los bomberos son comparsas,
las cenizas se agigantan.
En estos tiempos oscuros
nada es relativo,
todo es importante,
cualquiera se retrata,
cada cosa es accesoria,
el que quiere se retracta,
el que no va a su bola,
los demás forman ganado,

nada está en su sitio,
no hay sitio para todos.
En estos tiempos oscuros
que se pronosticaron,
que se veían venir,
unos niegan,
otros restan,
pocos suman,
hay ceros a la izquierda,
y a la derecha,
pero no en tu cuenta;
las casas se tabican,
las familias se apiñan,
se tira comida,
se pasa hambre.
En estos tiempos oscuros,
que nadie quiso vivir,
se reza en las iglesias,
se explota en los campos,
se cierran fábricas,
se hacen barricadas,
se cortan calles,
se llenan de imbéciles,
servidor de usted, sin ir más lejos,
se levantan actas con faltas de ortografía,
se besan anillos de oro empeñado,
se sublevan las plaquetas,
se arrojan dividendos por vacíos convenidos.
En estos tiempos oscuros

es mejor callar a que te callen,
visitar catacumbas para estar preparados,
hacer maletas pequeñas,
no soñar a lo grande.

FÍJATE

Fíjate si caigo bajo,
que ya empujo caracoles,
y sus babas me recuerdan a las mías,
y sus cuernos me resultan familiares.
Fíjate si soy absurdo,
que no me gustan las figuras,
si no son de mazapán,
ni las dobles parejas con vocación de trío;
que si tres son multitud,
uno más es overbooking
y te cobran el asiento,
aunque te quedes en tierra.
Fíjate si tengo prisa,
que confundo adoquines con las risas
y no llego a ningún lado,
corriendo como voy,
sentadito en una silla.
Fíjate si estoy contento,
que no brillo sin tu luz,
y a veces me quedo a oscuras,
por no pagar las facturas.
Fíjate si soy de hierro,
que me oxida la intemperie
de mis malas decisiones,
y me arrastro por el barro,
sin vocación de trinchera,

que eso ya es otra guerra,
que no consulto los mapas,
porque no los sé doblar
y total adónde me llevan,
luego no sé regresar.
Fíjate si soy listo,
que amarilleo con el tiempo,
como los libros viejos,
sean bueno o malos,
que el papel no sabrá de literaturas,
pero le afectan los borrones.
Fíjate si duermo poco,
que cuando cierro los ojos,
se me hace de día,
y con tanta claridad
no distingo los contornos,
y las sombras se hacen fuertes
y me cuentan sus verdades.
Fíjate si te quería,
que no recuerdo tus rasgos,
ni los versos de tu piel,
pero sí tu sabor,
y desde entonces tengo un hambre,
que ya no puedo saciar.
Fíjate si estoy alerta,
que nunca cierro con llave,
ni bajo las persianas,
ni consulto los horóscopos,
porque sé que cada noche
puede ser mi último día.

Índice

Sobre el autor

Cumplidas ya las bodas de oro consigo mismo, con las alforjas medio llenas o medio vacías, según se levante ese día, Jorge A. Freire ejerce de trovador crepuscular por las calles de su alma y se pierde en sus caminos, y se gana en sus esquinas y entre tanta certidumbre no acaba de encontrarse, y ni falta que le hace.

Publicó en año de pandemia sus dos únicas obras reconocidas: *Cuarentena atenuada* (Editorial ExLibric) y *Movies & Flowers* (Entrelíneas Editores). Con esta obra sube o baja, según se mire, el tercer escalón antes de atreverse a pasar su Rubicón particular y arrostrar las consecuencias, y es que la poesía necesita de actos intrascendentes para que la tengan en cuenta.